MEU NOME É JESUS
Catequese de Iniciação Eucarística I
Catequizando

Coleção Deus Conosco

MEU NOME É JESUS
Catequese de Iniciação Eucarística I
Catequizando

Lydia das Dores Defilippo
Lucimara Trevizan
Fausta Maria Miranda
Pe. Almerindo Silveira Barbosa

EDITORA VOZES
Petrópolis

© 1990, 2006, 2020, Editora Vozes Ltda.
Rua Frei Luís, 100
25689-900 Petrópolis, RJ
www.vozes.com.br
Brasil

36ª edição, 2020.

5ª reimpressão, 2024.

Todos os direitos reservados. Nenhuma parte desta obra poderá ser reproduzida ou transmitida por qualquer forma e/ou quaisquer meios (eletrônico ou mecânico, incluindo fotocópia e gravação) ou arquivada em qualquer sistema ou banco de dados sem permissão escrita da editora.

CONSELHO EDITORIAL

Diretor
Volney J. Berkenbrock

Editores
Aline dos Santos Carneiro
Edrian Josué Pasini
Marilac Loraine Oleniki
Welder Lancieri Marchini

Conselheiros
Elói Dionísio Piva
Francisco Morás
Gilberto Gonçalves Garcia
Ludovico Garmus
Teobaldo Heidemann

Secretário executivo
Leonardo A.R.T. dos Santos

PRODUÇÃO EDITORIAL

Aline L.R. de Barros
Marcelo Telles
Mirela de Oliveira
Otaviano M. Cunha
Rafael de Oliveira
Samuel Rezende
Vanessa Luz
Verônica M. Guedes

Conselho de projetos editoriais
Isabelle Theodora R.S. Martins
Luísa Ramos M. Lorenzi
Natália França
Priscilla A.F. Alves

Projeto gráfico e diagramação: Ana Maria Oleniki
Revisão: Licimar Porfírio
Ilustrações: João Paulo de Melo
Capa: Ana Maria Oleniki

ISBN 978-85-326-6443-3

Este livro foi composto e impresso pela Editora Vozes Ltda.

SUMÁRIO

APRESENTAÇÃO, 7

O COMEÇO DE UM NOVO TEMPO

1. Companheiros de caminhada, 11
2. A voz que fez a diferença!, 13
3. Deus nos surpreende!, 16
4. Maria e Isabel: A gratuidade de Deus, 21
5. Um menino nos foi dado: Nasceu Jesus, 25
6. Celebração – Jesus, o presente de Deus!, 28
7. Jesus cresce como nós, 31

A PROPOSTA DE JESUS: O REINO DE DEUS

8. A equipe de Jesus, 37
9. Uma proposta de felicidade, 40
10. O Reino de Deus é surpreendente!, 43
11. A novidade do Reino, 46
12. No Reino de Deus há perdão, 51
13. Jesus acolhe a todos, 54
14. Fazer a vontade de Deus, 57
15. Como filhos rezamos: Pai nosso..., 60
16. Celebração – Reino de Deus: Um tesouro escondido, 62

A VIDA DE JESUS NA NOSSA VIDA

17. Amar do jeito de Jesus, 69

18. Viver a compaixão, 74

19. Aprender a partilhar, 79

20. Acolher e cuidar de todos, 81

21. Proteger e cuidar do planeta, 84

22. Crer é confiar, 87

23. Amar a vida, 89

24. Celebração – Caminhamos na estrada de Jesus!, 92

ANEXOS

ANEXO 1 – Campanha da Fraternidade, 99

ANEXO 2 – Celebração – Maria: Alegria de amar e servir!, 101

ANEXO 3 – Celebração – A Palavra de Deus é luz!, 104

ANEXO 4 – Celebração da Páscoa – Jesus Ressuscitou. Ele vive!, 107

ANEXO 5 – Celebração de Natal – O amor veio morar entre nós!, 110

ORAÇÕES, 113

Apresentação

Querido(a) Catequizando(a)!

Jesus convida você a aproximar-se Dele, a ser seu amigo, a conhecer sua história e sua proposta de vida. Ele é o enviado de Deus-Pai para nos ensinar o verdadeiro amor.

Vamos juntos conhecer quem é Jesus Cristo e descobrir o caminho que Ele propõe para encontrar a duradoura alegria, o caminho da vida verdadeira e feliz.

Você vai se surpreender!

Com carinho,
Os autores.

Nossa catequese

Data

Horário

Local

O começo de um
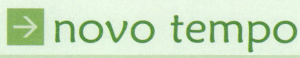 novo tempo

COMPANHEIROS DE CAMINHADA

Um amigo ama em qualquer tempo. (Pr 17,17a)

O nosso grupo de catequese é de companheiros de caminhada. Queremos caminhar seguindo os passos de Jesus para conhecê-lo melhor e aprender a amá-lo como Ele nos ama.

1. O que é ser um companheiro de caminhada? Vamos descobrir a resposta desembaralhando as letras.

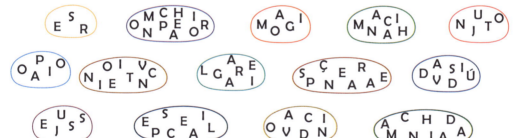

_____ um _____ é ser um _____ que _____ _____ oferecendo _____ e _____ nos momentos de _____, de _____ e _____. _____ é assim, amigo _____, e nos _____ a ser seus companheiros de _____.

2. Escreva o que mais admira num amigo.

_____
_____
_____

3. Para conviver num grupo de amigos e companheiros é preciso cuidados. Quais cuidados precisamos ter no nosso grupo da catequese?

_____
_____
_____

Somos um grupo de companheiros e existe alguém que se fez nosso companheiro também: Jesus Cristo. Precisamos aprender, com Ele, a sermos bons companheiros uns dos outros.

1. Jesus nos aceita como somos, com nossos defeitos e qualidades.

Todos: Jesus, queremos ser teus companheiros de caminhada!

2. Jesus se faz presente nos momentos de tristeza e nos consola com carinho.

Todos: Jesus, queremos ser teus companheiros de caminhada!

3. Jesus é companheiro sempre fiel, nele podemos confiar.

Todos: Jesus, queremos ser teus companheiros de caminhada!

4. Jesus está sempre pronto a nos escutar.

Todos: Jesus, queremos ser teus companheiros de caminhada!

2 A VOZ QUE FEZ A DIFERENÇA!

> Alguém está gritando no deserto: Preparem o caminho para o Senhor passar! Abram estradas retas para Ele. (Mc 1,3)

Existem vozes que podem mudar a vida, comunicando boas mensagens de esperança e amor, e há vozes que ferem, magoam as pessoas. João Batista foi uma voz que fez a diferença, que preparou o caminho para a chegada do Messias, que é Jesus. Hoje somos chamados a ser uma voz que anuncia a presença de Deus e o seu amor por nós neste mundo tão sedento de palavras boas.

5. João Batista ensinava a se preparar para a vinda de Jesus, propondo a conversão, que quer dizer: Mudança! Hoje, também somos convidados a realizar algumas mudanças para tornar a nossa casa e o mundo mais fraterno. Ligue as palavras às mudanças que precisam acontecer.

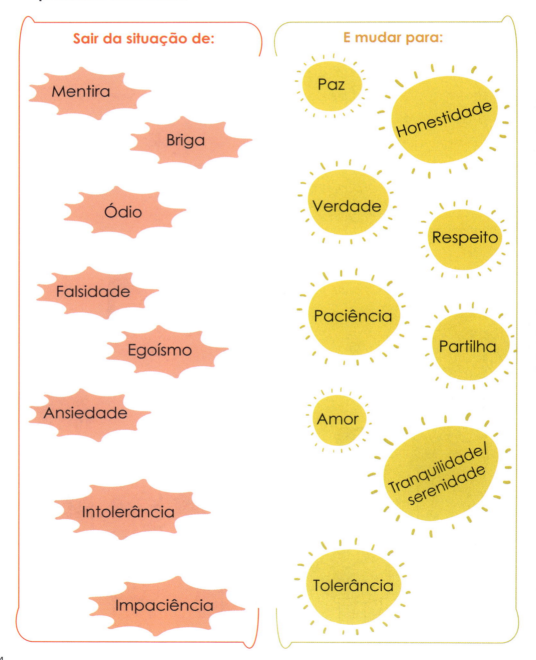

6. Qual é a boa notícia que você acha que o mundo está precisando ouvir?

_____
_____
_____
_____
_____
_____

7. Escreva aqui uma boa notícia que gostaria de partilhar com as pessoas.

_____
_____
_____
_____
_____
_____
_____
_____
_____

Senhor Jesus, Palavra de Deus que entre nós veio morar, faz da nossa vida eco da Tua Palavra de amor em nossas famílias, comunidades, escola e sociedade. Amém!

DEUS NOS SURPREENDE!

Não tenhas medo, Maria, porque encontraste graça diante de Deus. (Lc 1,30)

Deus enviou o anjo Gabriel a uma jovem chamada Maria. E o recado que Deus mandou foi que ela seria a mãe de Jesus, o Salvador. Maria ficou muito surpresa, mas disse sim a Deus. Ela, mulher de fé, nos inspira a viver com confiança em Deus e a amar o seu Filho querido: o menino Jesus.

Também a nós Deus surpreende! É preciso estar atentos para perceber o que Ele quer de nós. Deus nos ama e espera o nosso "sim". Nosso "sim" pode mudar a nossa vida e até o mundo, assim como o sim de Maria.

1. **Para entender melhor como tudo isso aconteceu vamos fazer uma leitura dialogada. Siga a orientação de seu catequista.**

Deus surpreende Maria (cf. Lc 1,26-38)

Narrador: No sexto mês da gravidez de Isabel, Deus enviou o anjo Gabriel a uma cidade da Galileia chamada Nazaré. O anjo tinha um recado para uma jovem, que ia se casar com um certo homem, chamado José, descendente do Rei Davi. O nome da jovem era Maria. Então, o anjo disse:

Anjo: Alegre-se, Maria! Você recebeu um grande presente de Deus! O Senhor está com você!

Narrador: Maria ficou sem saber o que fazer por causa da saudação do anjo. E, admirada, ficou pensando no que ele queria dizer. Então, o anjo continuou:

Anjo: Deus está contente com você. Não tenha medo, Maria. Você vai ficar grávida e dará à luz um filho e vai chamá-lo de Jesus. Ele vai ser um grande homem e será chamado o Filho de Deus.

Maria: Como é que vai ser isso, se eu não conheço homem algum?

Anjo: O Espírito Santo virá sobre você e o poder de Deus estará em você. Por isso, o menino será chamado o Filho de Deus. Lembre-se de sua parente Isabel. Diziam que ela não podia ter filhos. Porém, agora, está grávida de seis meses, embora seja tão idosa. Porque, para Deus, nada é impossível.

Maria: Sou a serva do Senhor. Que aconteça comigo o que Deus quer.

2. Maria colocou sua confiança em Deus. Está certa de que com Deus tudo correrá bem. Escreva aqui o que em sua vida e de sua família precisa da confiança em Deus. E, como Maria, confie em Deus.

_____
_____
_____
_____
_____
_____
_____

3. Descreva quais são os recados que as pessoas dão, em nome de Deus, para quem precisa entender qual é o caminho que Ele deseja que sigamos.

4. O anjo deu uma boa notícia a Maria. Observe as imagens e escreva que boas notícias você pode ser ou falar com as pessoas.

» Eu posso ser boa notícia quando...

_____
_____
_____
_____
_____
_____

» Ao falar posso dar boas notícias quando...

_____
_____
_____
_____
_____
_____

Maria estava sempre atenta aos chamados de Deus. Assim como ela é preciso que estejamos atentos para ouvir os convites que Deus nos faz, por meio de sua Palavra, da natureza e das pessoas.

Após cada frase que expressa os convites que Deus nos faz digamos:

Todos: Maria, mãe de Jesus, ensina-nos a dizer Sim a Deus.

1. Para sermos carinhosos e prestativos com nosso pai, nossa mãe, nossa família toda.
Todos: Maria, mãe de Jesus, ensina-nos a dizer Sim a Deus.

2. Para ajudar nossos amigos, colegas, professores e outras pessoas, que nem conhecemos, quando precisam de nós.
Todos: Maria, mãe de Jesus, ensina-nos a dizer Sim a Deus.

3. Para consolar os que sofrem, estão doentes, ou de luto, visitando-os nesses momentos difíceis.
Todos: Maria, mãe de Jesus, ensina-nos a dizer Sim a Deus.

4. Para dizer sempre a verdade, mesmo que ela nos traga algum castigo.
Todos: Maria, mãe de Jesus, ensina-nos a dizer Sim a Deus.

5. Para sermos atenciosos e pacientes com a vovó, o vovô e a todos os idosos.
Todos: Maria, mãe de Jesus, ensina-nos a dizer Sim a Deus.

6. A mostrar que O amamos, através do amor que oferecemos a cada pessoa que encontramos. Para cuidar da natureza, grande presente seu a todos nós.

Ave-Maria...

4 MARIA E ISABEL: A GRATUIDADE DE DEUS

Quando Isabel ouviu a saudação de Maria, a criança pulou no seu ventre. (Lc 1,41)

Maria foi visitar sua prima Isabel. Quando Deus entra e atua na nossa vida, move-nos para irmos "apressadamente" ao encontro dos outros, para servi-los nas suas necessidades, para comunicar a alegria pela salvação recebida e alegrar-nos com eles pelas graças que receberam.

1. **É muito bom receber ajuda quando precisamos, não é? Alguém já ajudou você em alguma necessidade? Conte como isso aconteceu.**

_____
_____
_____
_____
_____

2. **Você já fez o bem a alguém? Conte como isso aconteceu.**

_____
_____
_____
_____
_____
_____

3. **Ajudar alguém é servir assim como Maria fez com Isabel. Como você se sentiu ao receber ajuda? E ao ajudar alguém? Escreva palavras que expressem o que você sentiu.**

   » Ao receber ajuda eu me senti...

   _____
   _____
   _____
   _____
   _____

   » Ao ajudar alguém eu me senti...

   _____
   _____
   _____
   _____
   _____

4. No nosso dia a dia que gestos de gratuidade, bondade e amor você pode fazer na sua família, para seus amigos, na escola? Observe as imagens pinte a atitude que pode realizar e escreva o que mais pode fazer.

Em silêncio vá dizendo devagarinho o nome das pessoas que você encontrou ou com quem falou hoje.

Agradeça a Deus pelo dom da presença delas na sua vida e conte para Ele como essas pessoas ajudam você a crescer, a aprender, a viver. Em seguida peça a Deus que o ajude a ser bom amigo, bom filho, que sabe escutar e amar a todos.

Inspirados pela visita de Maria a sua prima Isabel, vamos dizer a Deus:

Todos: Senhor, ajuda-nos a fazer o bem!

1. *Querido Deus, que nossas casas sempre estejam de portas e janelas abertas para acolher as pessoas, sobretudo as que mais precisam de ajuda e de uma palavra amiga.*

Todos: Senhor, ajuda-nos a fazer o bem!

2. *Querido Deus, que a violência e a insegurança não nos façam fechar o coração e a nossa casa aos outros. Que possamos ser mensageiros da paz, da alegria e do amor no mundo.*

Todos: Senhor, ajuda-nos a fazer o bem!

3. *Querido Deus, para sermos seus amigos, dá-nos coragem e o dom da escuta e do diálogo.*

Todos: Senhor, ajuda-nos a fazer o bem!

4. *Querido Deus, queremos agradecer pelos amigos que nutrem nossa vida e nos fazem provar o sabor do amor em nós.*

Todos: Senhor, ajuda-nos a fazer o bem!

Pai nosso...

5. UM MENINO NOS FOI DADO: NASCEU JESUS

Encontrareis o menino, envolto em panos e deitado numa manjedoura. (Lc 2,12)

O nascimento de Jesus é o acontecimento em que Deus se manifesta a nós. Deus nos amou tanto que nos enviou seu próprio Filho para anunciar o seu amor. E, Jesus pode ser encontrado nos lugares mais surpreendentes, incluindo o nosso coração. Ao contemplar o Menino Jesus, o filho de Deus, surge o desejo profundo de sermos mais humanos, fraternos, simples, misericordiosos, carregados de amor e ternura.

1. **Podemos ser manjedoura para o Menino Jesus. Como você pode se transformar numa manjedoura para acolher Jesus em sua vida? Responda construindo frases com as palavras:**

fraternos – amor – ternura – simplicidade – amizade – partilha – bondade – misericórdia

2. Imagine que você é um daqueles pastores que morava perto de onde o Menino Jesus nasceu e também ouviu o anúncio dos anjos e foi correndo ver o menino que nasceu. O que você diria para a Maria e o menino Jesus?

Acolha querido Jesus, Deus de amor, nossos pedidos.

1. Querido Jesus, manifesta em nós a Tua ternura. Que possamos reconhecer Tua presença ao nosso lado, sobretudo nos que sofrem, nos que estão desamparados.
   Todos: Ensina-nos, Jesus, a ser mais humanos!

2. Querido Jesus, que a Tua paz se faça presença neste mundo de guerras, conflitos, violências. Faz de mim um instrumento da Tua paz, na partilha, nos gestos de amor e bondade.
   Todos: Transforma nossa vida em mansidão e acolhimento!

3. Querido Jesus, transforma nossos corações e perdoa-nos por procurar a alegria longe do Teu amor.
   Todos: Abra o nosso coração em alegria e esperança!

4. Senhor, queremos agradecer pelos amigos que nutrem nossa vida e nos fazem provar o sabor do amor em nós.
   Todos: Faça de nós, cristãos, testemunhas da fraternidade e do amor!

CELEBRAÇÃO
JESUS, O PRESENTE DE DEUS!

E a Palavra se fez homem e habitou entre nós. (Cf. Jo 1,14)

1. Acolhida

Catequista: Em nome do Pai, do Filho e do Espírito Santo! Amém.

Hoje celebramos o nascimento de Jesus, motivo de grande alegria e esperança. Jesus é o presente de Deus para nós!

Todos: A Palavra se fez carne e veio morar entre nós!

2. Proclamação da Palavra

Catequista: Para nós cristãos, a luz da nossa vida é uma presença: Jesus Cristo, o Filho de Deus, Sua Palavra no meio de nós.

Canto de aclamação.

Leitor 1: O povo que andava na escuridão viu uma grande luz, para os que habitavam as sombras da morte uma luz resplandeceu (Is 9,2).

Todos: Conosco está Deus, nossa Esperança!

Leitor 2: Ela deu à luz o seu filho primogênito (Lc 2,7).

Todos: Toda Glória seja a Ti, Deus da Luz, pelo teu Filho Jesus!

Leitor 3: Eu vos anuncio uma grande alegria: Nasceu para vós o Salvador (Lc 2,11).

Todos: Conosco está Deus, nossa Esperança!

Leitor 4: "E a Palavra se fez homem e habitou entre nós" (Jo 1,14).

Todos: Glória a Deus nas maiores alturas, e paz na terra entre homens e mulheres a quem Ele quer bem.

Reflexão

Nós fomos criados à imagem de Deus, e Deus assume definitivamente tornar-se um de nós, tem um corpo como nós: Jesus de Nazaré. Ele é a ternura e a doçura do Deus que salva. Jesus entrou na nossa história, partilhou o nosso caminho. Veio para nos libertar das trevas e nos dar a luz. Jesus é a ternura do Pai, é o Amor feito gente.

Coisa mais linda essa: Deus quis ser humano! "O Verbo de Deus" assume um rosto humano: o menino Jesus. Deus escolheu a periferia de Belém e nasceu frágil, pequeno, precisando do nosso amor. O Natal é a certeza de que Deus não desiste de nós. Em Jesus Ele se manifesta a nós, faz-se ver, comunica-se totalmente a cada ser humano e assume toda a humanidade.

O nascimento de Jesus é a certeza de que o Criador precisa de nós. Deus vive à nossa espera! Ele espera todos os dias por nosso olhar. Nós também estamos à espera de Deus. Contemplando o presépio, podemos dizer: Ele nos amou tanto que nos deu seu próprio Filho. Estamos sempre a espera desse amor imenso, pois só Deus pode abraçar e compreender nossa fragilidade, nossa humanidade.

3 Rezemos juntos

Catequista: Faz-nos trilhar, Senhor, o caminho do Teu amor. Esse amor que nos aceita e abraça o que somos e o que não somos ainda, que é capaz de amar sempre.

Todos: Deus de amor, inunda nossa vida com tua simplicidade e ternura.

Leitor 1: Permita-nos, Senhor, sermos Tua Luz para os que vivem na escuridão do medo, da violência, do egoísmo.

Todos: Deus de amor, inunda nossa vida com tua simplicidade e ternura.

Leitor 2: Contagia-nos, Senhor, com a beleza do Teu Filho Jesus para que possamos anunciá-lo a todos e revelar a Boa-Notícia do Teu Amor.

Todos: Deus de amor, inunda nossa vida com tua simplicidade e ternura.

Leitor 3: Aumenta em nós, Senhor, a confiança no Teu amor. Transforma-nos em testemunhas da Tua bondade, fraternidade, compaixão, mansidão e misericórdia.

Todos: Deus de amor, inunda nossa vida com tua simplicidade e ternura.

Pai nosso...

 **Bênção Final**

Catequista: *Senhor, somos hoje o Teu presépio. Queremos abençoar esta água e com ela cada um de nós. (Erguer a mão direita em direção à água).*
Ó Deus de Amor, que és fonte de luz e de vida. Pelo nascimento de Jesus, Teu Filho, nos conduzes das trevas para a Tua Luz. Que Tua bênção de Paz desça sobre cada um de nós. Te pedimos que abençoe esta água. Que a Tua presença de Pai e Filho e Espírito Santo venha sobre nós e sobre esta água para que nos preencha com a Tua graça e nos fortaleça na Fé, na Esperança e no Amor. Amém!

Todos: Deus-Menino de amor, acolhe em teus braços nossa vida, nossas famílias e alimenta em nós a alegria de viver. Ilumina nossos passos para trilhar os caminhos do amor. Amém.

 **Abraço da paz.**

Canto final: Noite Feliz.

JESUS CRESCE COMO NÓS

Jesus crescia em sabedoria, idade e graça diante de Deus e das pessoas. (Lc 2,52)

Jesus ia crescendo não só em estatura, fisicamente, mas também "em sabedoria", ou seja, aprendendo e querendo conhecer mais sobre Deus. Ele também crescia em graça, na relação com Deus, seu Pai.

Assim como Jesus podemos crescer na fé buscando descobrir mais sobre Deus e crescer em graça procurando cultivar uma intimidade com Ele.

1. **Vamos descobrir as palavras relacionadas com a passagem de Jesus, no templo. Encontre-as no caça-palavras e escreva-as no quadro.**

V	S	B	P	E	R	G	U	N	T	A	S	J	O	Y	K	O
Y	A	Z	X	R	I	U	R	Z	X	W	R	U	Z	I	F	B
I	B	V	T	F	Z	N	Q	V	C	T	V	W	R	D	W	E
X	E	Y	V	G	X	D	F	M	A	R	U	F	J	A	G	D
N	D	T	M	F	N	G	S	N	M	W	V	D	Y	D	F	I
S	O	F	F	C	R	E	S	C	I	A	I	A	Z	E	H	E
I	R	Y	G	X	I	Z	X	I	N	S	R	Y	R	H	V	N
V	I	T	F	Z	Y	K	F	N	H	T	I	I	F	I	W	T
X	A	F	X	R	Z	P	V	W	O	S	K	S	R	V	H	E
I	S	X	I	D	T	R	F	R	W	R	G	R	A	Ç	A	H
N	G	R	E	S	P	O	S	T	A	S	Ç	O	Z	H	Y	T
F	D	Z	D	F	I	C	F	Z	N	K	Z	I	W	F	W	M
T	S	C	O	S	T	U	M	E	W	J	O	U	V	I	R	I
X	F	Z	N	Y	Z	R	F	Y	S	N	F	S	Ç	N	S	V
Y	L	E	M	B	R	A	N	Ç	A	F	K	B	M	W	Y	S

_____
_____
_____
_____
_____
_____
_____
_____
_____
_____
_____

2. **Leia as palavras que encontrou no caça-palavras e identifique com quais delas poderia fazer uma frase para contar um ou mais fatos de sua vida. Escreva-os.**

_____
_____
_____
_____
_____
_____
_____
_____
_____
_____

3. **Vimos que Jesus crescia em idade, sabedoria e graça. Pare e pense como está crescendo nestes aspectos e complete as informações:**

   » Que atitudes você precisa deixar de realizar para demonstrar que cresceu e não é mais criancinha?

   _____
   _____
   _____
   _____

   » O que você pode fazer para continuar crescendo em sabedoria?

   _____
   _____
   _____
   _____
   _____
   _____

   » O que faz e precisa continuar fazendo para cultivar sua amizade com Deus e seu Filho Jesus?

   _____
   _____
   _____
   _____
   _____
   _____

4. Você deseja continuar sua busca por Jesus participando da catequese e da comunidade? Por quê?

_____
_____
_____
_____
_____
_____

Querido Jesus, que bom conhecer um pouco mais da sua vida. É muito bom!

Ajuda-nos a crescer com sabedoria, aprendendo a partir dos erros que cometemos.

Há muitas coisas que precisamos parar de fazer como as brigas, pirraças e preguiça para podermos crescer em maturidade, além de tamanho.

Aumenta em nós o desejo de procurá-lo sempre e a confiança no Teu amor. Amém.

A proposta de Jesus:
→ O Reino de Deus

A EQUIPE DE JESUS

Venham comigo e eu vos farei pescadores de gente. (Cf. Mc 1,17)

Hoje Jesus continua chamando a cada um de nós para fazer parte da sua equipe, do seu grupo de amigos. Ele chama para assumir a Sua missão e nos move a um novo modo de ser, de viver e de agir, conduzindo-nos a descobrir o melhor de nós mesmos e a ajudar as pessoas a descobrir o grande amor que Ele tem por nós e o quanto nos quer ver felizes.

Seguir Jesus é caminhar com Ele e fazer parte da grande comunidade de servidores do amor, a Igreja.

37

1. Você pode ser pescador de gente, lançando redes de amor. Onde?

_____
_____
_____
_____
_____
_____

2. Nossa vida é um barco que podemos encher do que quisermos. Para mostrar que aceitamos fazer parte da equipe de Jesus, o que colocaremos no nosso barco?

3. Jesus nos ensina o que é necessário fazer para participar de sua equipe. Descubra organizando as palavras que completam as frases.

	o amor.
	a acolher.
	a bondade.
	a diminuir a tristeza.
	as qualidades de cada um.
	de quem precisa de ajuda.
	um novo jeito de agir.

radiuC
razirolaV
radujA
rednerpA
ravitluC
revomorP
racilpitluM

Escreva uma oração dizendo a Jesus que você aceita o convite d'Ele para ser "pescador de gente" e como você vai fazer isto.

UMA PROPOSTA DE FELICIDADE

Jesus começou a ensiná-los: felizes. (Cf. Mt 5,2)

Ao proclamar "Felizes" Jesus nos diz que a felicidade já está dentro de cada um de nós, no mais profundo do nosso coração. Ser amigo e seguidor de Jesus é viver o que Ele propõe e ser declarado "Feliz", porque quem o encontra, descobre a felicidade, a vida verdadeira, mesmo em meio às situações difíceis ou de sofrimento.

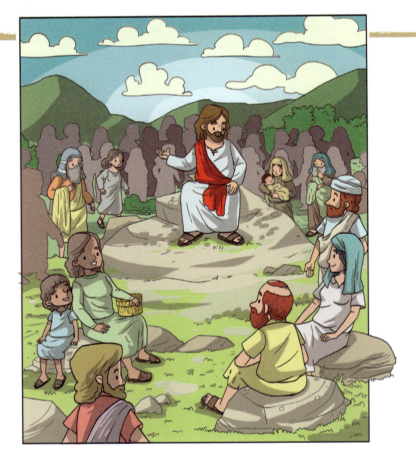

1. Com Jesus aprendemos algumas atitudes necessárias para conquistar a felicidade. Você sabe quais são? Decifre para encontrar a resposta.

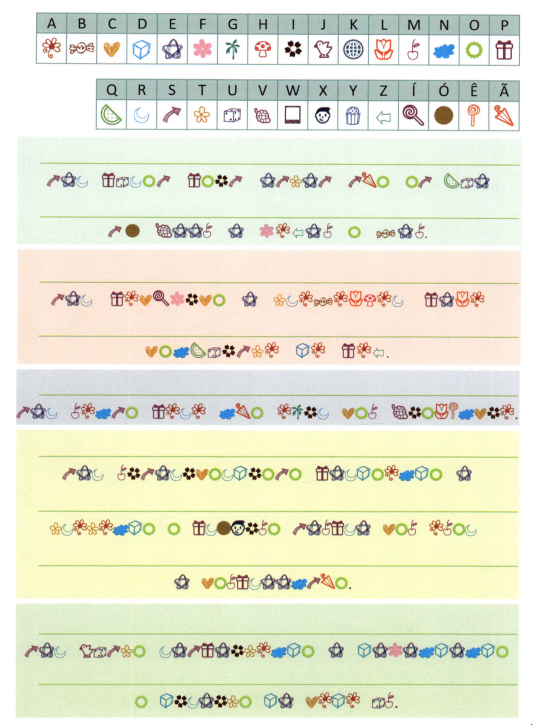

2. O que você aprendeu da proposta de felicidade de Jesus que poderá realizar em sua vida?

_____

_____

_____

3. Há pessoas que olham para a sua realidade e só reclamam, sem perceber que têm muitas razões para se alegrar. Agora é com você: Olhe para sua vida e escreva nas tarjas os motivos que você tem para se alegrar.

Vamos Rezar

Querido Jesus que alegria descobrir que tua proposta é um caminho de felicidade.
Queremos viver as Bem-aventuranças, queremos ser felizes!
Ajuda-nos a descobrir a felicidade nas pequenas coisas do dia a dia.
Fica conosco quando vierem as tristezas para que não deixemos morrer a felicidade que já está em nós. Amém!

O REINO DE DEUS É SURPREENDENTE!

O Reino de Deus é semelhante ao fermento. (Lc 13,21)

O Reino é o grande sonho de Deus, que Jesus anuncia e já está presente no mundo e dentro de nós. São sinais do Reino em nosso meio: o amor, a alegria, a solidariedade, a amizade, o perdão, a misericórdia, enfim, onde o BEM existe, aí está o Reino de Deus.

O REINO DE DEUS é um jeito de viver, fazendo deste mundo um mundo de IRMÃOS.

1. Jesus falou sobre o **REINO DE DEUS**. Complete a cruzadinha organizando as palavras para identificar quais são os sinais do Reino.

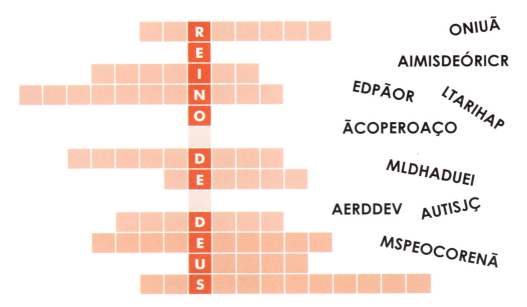

ONIUÃ
AIMISDEÓRICR
EDPÃOR
LTARIHAP
ÃCOPEROAÇO
MLDHADUEI
AERDDEV   AUTISJÇ
MSPEOCORENÃ

2. Quais dos valores acima são mais vividos:

» Em sua família

» Em nossa catequese

» Em nossa comunidade

3. Construir o Reino de Deus é também colaborar para um mundo melhor. O que você pode fazer para colaborar na construção do Reino no mundo? Responda e ilustre a sua resposta.

_____
_____
_____
_____

Peçamos a Deus que o seu Reino realmente aconteça em nosso meio, dizendo após cada prece:

Todos: Venha a nós o teu Reino de amor!

1. *Deus de bondade, que em nosso mundo cresça a tolerância, a paciência e a justiça, nós te pedimos...*
2. *Deus de ternura, que a mansidão, a misericórdia e a união aconteçam em nossa comunidade e entre nossos amigos, nós te pedimos...*
3. *Deus de amor, que em nossa família, vivamos o amor, o perdão, a amizade, nós te pedimos...*

A NOVIDADE DO REINO

A semente cresce sem que ele saiba como. (Mc 4,27)

Este é o grande anúncio de Jesus: O Reino de Deus está no meio de vós! Está dentro de nós, no meio do mundo, no interior da nossa vida como semente. Dormindo ou acordado, de dia ou de noite, a semente germina e cresce. O Reino de Deus são ações que acontecem no mundo e transformam a vida das pessoas. O Reino de Deus é o amor de Deus em nós.

1. **Vamos ler e conversar sobre a história – Um olhar muda tudo – e pensar como o Reino de Deus acontece.**

Um olhar muda tudo

Lucimara Trevizan

Era noite, chovia e fazia frio. Mônica voltava pra casa com sua mãe que a buscou na escola após o trabalho. Na rua viu uma mulher e um homem, tentando se esconder da chuva. Assustada viu que havia uma menina como ela sendo protegida da chuva pelo pai. Perguntou pra mãe porque estavam na rua com aquele frio e sua mãe contou que muitas famílias viviam na rua porque os pais perderam o emprego. Quando chegou em casa Mônica ficou pensando naquela menina na rua e com frio e resolveu que precisava fazer alguma coisa.

No dia seguinte quando encontrou seus amigos na escola contou o que viu. Tratou de convencer seus colegas que alguma coisa eles podiam fazer juntos para ajudar. A professora Solange ficou intrigada com aqueles cochichos e perguntou o que estava acontecendo. Mônica contou. Solange elogiou a preocupação das crianças, mas disse que precisavam da ajuda de adultos. E assim, depois de muita conversa, resolveram pedir ajuda aos pais e outros conhecidos. Alguns iriam pedir roupas usadas para doar, outros iriam pedir alimentos. A professora Solange se comprometeu em ir ver a família e conhecer um pouco a história deles. E assim foi feito.

A professora Solange contou que aquela família, que morava na rua próxima a escola, tinha uma filha chamada Maria, da idade deles. Os pais perderam o emprego e não conseguiram mais pagar o aluguel. Estavam fazendo de tudo para conseguir sair daquela situação e precisavam de ajuda. Depois que a turminha se mobilizou a família ganhou várias coisas que precisava. Mas, o mais importante: o pai da Mônica ficou sabendo de uma vaga de emprego e avisou o pai da Maria. Logo ele conseguiu um emprego e foi um alívio. E assim, com a ajuda de várias pessoas, um tempo depois estavam fora da rua e a Maria na escola.

A turminha de amigos da Mônica e a professora ficaram muito felizes porque mesmo com dificuldades conseguiram ajudar aquela família. Aprenderam que juntos podiam fazer coisas aparentemente impossíveis. Mas, tudo começou porque Mônica viu uma menina na noite fria e chuvosa precisando de ajuda.

> *O Reino de Deus é essa força que inquietou a Mônica e levou a fazer algo, é também quando nos unimos e nos mobilizamos para ajudar a transformar uma realidade. O Reino é semente de fraternidade e solidariedade, essa força que cresce em nós e modifica o mundo.*

2. A Mônica e os seus amigos foram sementes do Reino de Deus na vida da família da Maria. Mônica não poderia imaginar o resultado de seu olhar. Mas uma pequena atitude dela mudou tudo. Pesquise em sua comunidade e paróquia se há pessoas que se dedicam a ajudar quem precisa.

_____
_____
_____
_____
_____

3. Ser sinal do Reino é também saber usar as palavras e administrar os relacionamentos. Pare e pense em quais palavras ou atitudes boas pode oferecer a alguém que está:

» Impaciente

» Doente

» Mãe cansada e com a casa bagunçada

» Irritado

» Com quem não sabe ser legal com os outros

4. Você conhece alguém que esteja vivendo uma situação difícil em seu bairro, na sua escola? Consegue imaginar uma maneira de ajudar? Se sim descreva as possibilidades e como poderia mobilizar seus amigos e familiares a colocar suas ideias em prática.

Com o nosso grupo de catequese rezemos.

1. Senhor Deus, queremos agradecer pela Tua presença de bondade e amor em nosso coração e no mundo, fazendo germinar vida nova. Transforma nosso coração e nosso mundo, às vezes tão duro e tão triste.

Todos: Venha a nós o Vosso Reino!

2. Querido Deus, Pai de Nosso Senhor Jesus Cristo, nosso amigo. Queremos fazer da nossa vida lugar onde a semente do Teu Reino possa germinar.

Todos: Venha a nós o Vosso Reino!

3. Senhor Deus, quero ser semente do Reino na minha família, na escola, no mundo e onde eu estiver fazer germinar o amor, a amizade verdadeira.

Todos: Venha a nós o Vosso Reino!

Pai nosso...

» **Para rezar durante a semana**

Venha o Vosso Reino, Senhor!
Que o Teu Reino venha sobre todas as nossas tristezas, nossas dúvidas, sobre todas as durezas da vida.
Venha o Teu Reino e faça germinar mais solidariedade e fraternidade no mundo.
Venha o Teu Reino e traga paz onde há ódio e guerra.
Venha o Teu Reino e inunde tudo com Teu amor. Amém!

NO REINO DE DEUS HÁ PERDÃO

Hoje a salvação entrou nesta casa. (Lc 19,9)

Encontrar Jesus é encontrar a alegria verdadeira e isso implica modificar nosso jeito de ser e viver, nos arrependendo do mal que causamos, pedindo e recebendo o perdão de Deus e dos irmãos. Também nós, como Zaqueu, podemos ver que algo está errado e precisa mudar. O perdão é sinal do Reino de Deus. Para Jesus, PERDOAR é o mesmo que SALVAR.

1. **Vamos ler a história e depois responder as perguntas.**

A história de um encontro

Zaqueu, era um homem pequeno em estatura, sabia que a vida precisava mudar.

Nada do que tinha o deixava feliz.

Soube de Jesus e quis conhecê-lo. Deu um jeito de vê-lo e para isso até em árvore subiu.

Mas, a surpresa inesperada, foi que Jesus o viu e quis ir até sua casa.

Ah! Esse olhar de Jesus cheio de amor foi o que transformou a sua vida.

Jesus, sabia até seu nome: "Zaqueu".

Ele descobriu que era amado por Deus e tudo mudou. Zaqueu encontrou a alegria verdadeira. Foi perdoado.

» Você também, como Zaqueu, já sentiu que é amado por Deus? Em quais situações? Comente.

_____
_____
_____
_____

» Quais são as surpresas de Deus na sua vida? Escreva aqui situações inesperadas que viveu.

_____
_____
_____
_____
_____

2. Como Zaqueu demonstrou que estava arrependido de seus erros? Copiar da Bíblia a fala de Zaqueu (Lc 19,8).

_____

_____

_____

3. Circule as expressões que mostram a sua vontade e disposição para viver bem com as pessoas.

PEDIR PERDÃO   FICAR "DE MAL"   SORRIR   SER ALEGRE

BRIGAR   EMBURRAR   PEDIR DESCULPAS   BRINCAR JUNTO

OBEDECER DE MÁ VONTADE   CUMPRIMENTAR

OFERECER-SE PARA AJUDAR   AGRADECER   ZANGAR-SE

REZAR

Vamos Rezar

Escreva a sua prece de pedido de perdão.

53

JESUS ACOLHE A TODOS

Vinde a mim vós todos. (Mt 11,28a)

Jesus sempre acolheu as crianças, os doentes, os pecadores, os amigos, os pobres, porque isto é construir o Reino de Deus, seu Pai. Acolher é receber, amparar, oferecer proteção, ajudar quem está em dificuldade, se solidarizar com o sofrimento ou alegria do próximo. No Brasil temos a Irmã Dulce conhecida como o Anjo Bom da Bahia. Ela é um exemplo de quem sabe acolher e ajudar o Reino de Deus acontecer.

1. O que você mais gostou da história da Ir. Dulce, que seu catequista contou?

_____
_____
_____
_____
_____
_____
_____

2. Há muitas maneiras de acolher. Procure no caça-palavras as atitudes que significam o mesmo que ACOLHER. Escreva-as no quadro.

_ _ _ _ _ _ _ _ | _ _ _ _ _ _ _ _ _ _ | _ _ _ _ _ _ _ _ _ _ |
_ _ _ _ _ _ _ _ | _ _ _ _ _ _ _ _ | _ _ _ _ _ _ _ _ _ | _ _ _ _ _ _
| _ _ _ _ _ _ _ | _ _ _ _ _ _ _

Q	A	G	A	S	A	L	H	A	R	B	N	M	I	K	L
W	F	T	P	Y	U	Ç	C	U	I	D	A	R	B	X	B
P	H	B	O	Ç	L	R	K	F	B	C	B	J	R	W	Y
R	Y	W	I	R	Ç	E	A	A	T	C	R	Y	J	E	F
O	I	V	A	X	J	C	V	K	F	P	I	B	X	S	B
T	Y	X	R	Q	H	E	C	R	T	J	G	T	U	C	J
E	R	Y	W	X	V	B	Q	K	H	T	A	Y	X	U	B
G	V	H	O	S	P	E	D	A	R	F	R	Ç	F	T	F
E	R	V	C	B	V	R	X	C	X	V	L	H	Y	A	M
R	B	X	A	B	R	A	Ç	A	R	F	K	K	X	R	B

3. Escolha uma das palavras que encontrou que, na sua opinião, precisa ser praticada para ajudar o Reino de Deus acontecer. Depois crie um slogan, uma frase, para anunciar a importância dessa ação para melhorar a vida das pessoas.

4. Ser acolhedor é uma maneira de construir o Reino. Em grupo, seguindo as orientações do catequista, escreva as três atitudes, que escolherem para se tornarem mais acolhedores.

EM CASA   NA ESCOLA   NA COMUNIDADE

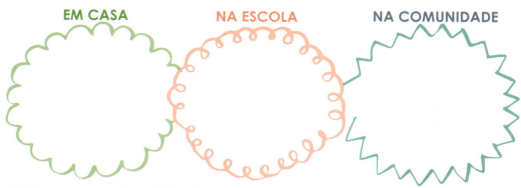

5. Escreva aqui um bilhete para Jesus dizendo o que você aprendeu sobre ser acolhedor, com a vida da Ir. Dulce.

Querido Jesus, eu quero aprender contigo a receber e conviver bem com todas as pessoas: em casa, com minha família: (dizer o nome dos membros da família); na escola, com meus professores, colegas e amigos (pense em cada um deles); na minha comunidade, com meus vizinhos (pode dizer os nomes dos que convive menos).

Quero aprender contigo a ser atencioso, gentil, hospitaleiro, prestativo com todas as pessoas que eu encontrar: os pobres, os idosos, as crianças que eu nem conheço ainda.

Agora, sou eu quem te pede: Vem a mim, Senhor Jesus!

14 FAZER A VONTADE DE DEUS

Aquele que fizer a vontade de Deus, esse é meu irmão, minha irmã e minha mãe. (Mc 3,35)

A vontade de Deus é que o seu Reino de Amor e fraternidade se faça concreto em nossa vida e no mundo. A vontade de Deus é que cada pessoa seja feliz. A vontade de Deus é que todos tenham direito a uma vida digna, a saúde, a ter amigos. Quem faz a vontade de Deus, se torna família de Jesus. Podemos no dia a dia realizar gestos pequenos de gentilezas, sermos heróis anônimos, que graças a pequenas atitudes de delicadezas, podem mudar a vida de uma pessoa e da realidade onde vivemos.

1. Vamos colorir as imagens que mostram crianças fazendo a vontade de Deus, isto é, fazendo o bem.

2. Circule quais atitudes de pequenas gentilezas você pode fazer no dia a dia?

Dizer bom dia

Arrumar a mesa

Secar a louça

Oferecer um copo de água

Alcançar o chinelo para alguém

Dobrar o seu uniforme

Convidar um amigo para brincar

Rezar por um amigo

Levar a tarefa a um colega que faltou na escola

Mandar uma mensagem de feliz aniversário a um idoso

Sorrir para as pessoas

3. Quais gestos, atitudes de bondade e delicadeza o mundo está precisando?

_____
_____
_____
_____

Querido Jesus, seguindo o teu exemplo, quero me colocar à tua disposição para realizar a tua vontade na minha vida.

Onde eu encontrar alguém com raiva, querendo vingança, que eu faça o perdão acontecer; onde houver briga, bate boca, que eu leve a união; onde eu encontrar alguém desesperado, duvidando de tudo, que eu encoraje a buscar a fé novamente.

Que eu leve, aonde eu for, a alegria e a verdade e que eu seja, sempre, um mensageiro de tua paz. Obrigado Jesus por eu ser parte de tua família. Amém!

15 COMO FILHOS REZAMOS: PAI NOSSO...

Venha o teu Reino, seja feita tua vontade. (Mt 6,10)

Jesus nos mostrou que Deus é Pai. Um pai que nos ama sem medida e cuida de cada um de nós. Jesus rezava, ou seja, sempre estava conversando, dialogando com Deus, seu Pai. E Jesus também nos ensinou como rezar. A oração que com Ele aprendemos é o Pai-nosso, uma oração que nos ajuda a reconhecer a importância desse Pai e, como filhos, saber pedir o que é essencial para que a felicidade se realize, concretizando o Reino de Deus.

1. Uma das características que Jesus revelou sobre Deus é que Ele é um Pai Amoroso. O que isso significa?

_____
_____
_____
_____

2. Por que o Pai-nosso é a oração do Reino de Deus?

_____
_____
_____
_____

3. Quais são os pedidos que fazemos na oração do Pai-nosso?

_____
_____
_____
_____
_____
_____
_____
_____

Vamos Rezar

Escreva uma oração de declaração de amor a Deus, dizendo o que Ele significa para você e o que você deseja Dele. Depois reze-a e conclua com o Pai-nosso.

CELEBRAÇÃO
REINO DE DEUS: UM TESOURO ESCONDIDO

O Reino dos céus é semelhante a um tesouro escondido num campo. (Mt 13,44)

1 - Acolhida

Catequista: Sejam todos bem-vindos! Vamos nos cumprimentar com um abraço forte, cantando.

Música

Catequista: Estamos reunidos em nome do Pai...

2 - O Reino de Deus está no meio de nós

Leitor 1: Antes de iniciar a sua missão, Jesus escolheu doze homens simples, humildes e trabalhadores, para serem PESCADORES DE GENTE para o Reino de Deus. Hoje, Ele convida a todos que querem assumir esta tarefa.

Todos: Querido Jesus, eu quero ser pescador de gente para o Teu Reino!

Catequista: Jesus apresentou, aos seus discípulos, uma proposta de felicidade. Subiu ao monte. Quando se sentou, os discípulos se aproximaram dele. Tomou a palavra e começou a ensinar. Quem são os felizes, para Jesus?

Todos: Felizes são os misericordiosos, os puros de coração, os pacíficos, os mansos, os pobres em espírito, os que sofrem porque serão consolados.

Música

3 - O Reino de Deus é um jeito de ser e viver

Leitor 2: Jesus diz que o Reino de Deus é parecido com o fermento. O que Jesus quer nos ensinar com esta comparação?

Catequista: O fermento faz a massa de bolo crescer. Com esta comparação, Jesus quer nos dizer que o fermento é a Graça de Deus, derramada em nós. Nós somos a farinha. E o Reino vai crescendo em nosso interior.

Todos: O Reino de Deus é um jeito de ser e viver, fazendo deste mundo um mundo de irmãos, filhos do Pai que está nos céus.

Leitor 3: Jesus veio trazer, para nós, uma grande novidade: o Reino de Deus. Jesus nos revela um Pai misericordioso, que nos ama do jeito que somos, com nossos defeitos e nossas qualidades. Um Pai sempre pronto a nos acolher com um abraço amoroso.

Catequista: O Reino que Jesus veio nos revelar, começa pequeno, como uma semente, mas a força de Deus faz este Reino crescer em nosso coração e no mundo.

Todos: Jesus, eu quero ter um coração humilde e generoso que saiba acolher a todos com carinho e atenção, me tornando, assim, anunciador do teu Reino.

4 - As riquezas do Reino de Deus

Leitor 4: O Reino de Deus é o reino do amor, da amizade, da partilha, da solidariedade, da justiça, da bondade, da alegria, da paciência, da ousadia, da mansidão, da ternura, da tolerância, da compreensão, da humildade, da união...

Leitor 5: É, principalmente, o Reino da misericórdia e do perdão. Então, o que é perdoar?

Catequista: Perdoar é aceitar o pedido de desculpas, é estar disposto a acabar com a raiva, com a mágoa da ofensa. É estar disposto a aceitar a pessoa novamente, apesar da ofensa que ela cometeu contra nós.

Todos: Querido Jesus, dai-me um coração misericordioso, sempre disposto a perdoar.

Música

5 - Proclamação da Palavra

Catequista: Jesus também comparou o Reino de Deus a um tesouro escondido.

Aclamação a Palavra: canto a escolha.

Leitor 6: Mt 13,44-46.

Reflexão

A descoberta deste tesouro que é o Reino de Deus nos enche de alegria por estarmos participando dele, aprendendo, a cada dia, que este Reino não tem preço, é a melhor escolha que podemos fazer. E, se quisermos encontrá-lo, ele já está entre nós.

Podemos agora fazer uma pequena partilha. Cada um diz o que mais gostou de descobrir sobre o Reino de Deus. (Deixar um tempo para o grupo partilhar e fazer breves comentários.)

Preces

Catequista: Querido Jesus, queremos aprender contigo a receber e conviver bem com todas as pessoas: em casa, com minha família: (cada um diz o nome dos membros da família); na escola, com os professores, colegas e amigos (pense em cada um deles); na nossa comunidade, com os vizinhos (pode dizer os nomes dos que convive menos).

Querido Jesus, seguindo o teu exemplo, quero realizar a tua vontade na minha vida.

Onde eu encontrar alguém com raiva, querendo vingança, que eu faça o perdão acontecer; onde houver briga, bate boca, que eu leve a união; onde eu encontrar alguém desesperado, duvidando de tudo, que eu encoraje a buscar a fé novamente.

Que eu leve, aonde eu for, a alegria e a verdade e que eu seja, sempre, um mensageiro de tua paz. Obrigado Jesus por eu ser parte de tua família. Amém!

Catequista: Jesus nos ensinou a chamar Deus de Pai. Rezemos, juntos, de mão dadas, como irmãos que se amam, a oração que Jesus nos ensinou.

Pai nosso...

Benção final

Catequista: Abençoe-nos ó Deus cheio de bondade e misericórdia: o Pai, o Filho e o Espírito Santo. Amém!

A vida de Jesus
→ na nossa vida

17 AMAR DO JEITO DE JESUS

O amor é paciente, não é invejoso, tudo desculpa, tudo crê, tudo espera. (Cf. 1Cor 13,4a.7)

Amar é algo essencial na nossa vida. É preciso mais do que nunca resgatar o sentido do amor, pois o amor nos faz ser mais pacientes, a não ser invejosos, nem orgulhosos, nem cheios de vaidades. O amor verdadeiro vai nos transformando. O amor é contagioso, ele nos faz mais humanos e fraternos. Quando amamos é como se escrevêssemos o nome das pessoas em nossos corações. Por isso, podemos imaginar o coração de Deus cheio de nomes.

1. Você sabe o que é dedicar a vida por amor ao próximo? Leia sobre a vida de Ir. Dorothy e conheça um pouco sobre isso.

Irmã Dorothy Stang

Era uma vez, uma mulher muito corajosa. Seu coração tinha muito amor para dar. Por isso, ela estava sempre ajudando alguém, consolando, animando, ensinando e orientando. Seu nome era Dorothy. Ela nasceu nos Estados Unidos e se tornou freira aos 19 anos de idade. Com 35 anos, ela descobriu um país grande, o Brasil e, nele, o destino escolhido foi a Região Amazônica para realizar sua missão. Chamou sua atenção o fato de ser um país grande em tamanho e desigualdades sociais.

Irmã Dorothy aqui viveu muito anos e naturalizou-se brasileira. Defendia a floresta Amazônica na região de Anapu, no Estado do Pará. Orientava projetos de reflorestamento em áreas estragadas pelo desmatamento. Dedicou mais de 30 anos de sua vida nesta missão e foi assassinada por isso.

Esta é uma mulher de um grande coração, que doou a sua vida para defender os mais pobres e a floresta Amazônica, tão desmatada, tão desprotegida.

AGORA PARE E PENSE

» O que mais chamou sua atenção na vida da Ir. Dorothy?

_____
_____
_____
_____

» Qual era a missão de Ir. Dorothy?

_____
_____
_____
_____

2. **Que atitudes você observa em sua realidade que demonstram amor ao próximo? Escolha uma das atitudes que mais admira e faça uma história em quadrinhos. Depois compartilhe com seus colegas da catequese.**

3. Como você ama as pessoas? Escreva dentro do coração as atitudes que você identifica serem o seu jeito de amar as pessoas.

4. Que tal escolher duas atitudes para fazer a experiência de viver o amor na:

   » Família.

   _____
   _____
   _____
   _____
   _____

» Escola que frequenta.

_____
_____
_____
_____

 Vamos rezar a partir de alguns textos da Bíblia que nos falam do amor de Deus.

1. *"Assim como o meu Pai me ama, eu amo vocês, portanto, continuem unidos comigo, por meio de meu amor por vocês." (Jo 15,9-10)*

Todos: Senhor, ensina-me o teu jeito de amar!

2. *"Vejam como é grande o amor que o Pai nos concedeu: sermos chamados filhos de Deus, o que de fato somos! Por isso, se o mundo não nos conhece, é porque não O conheceu". (1Jo 3,1-2)*

Todos: Senhor, ensina-me o teu jeito de amar!

3. *"O que eu peço a Deus é que o amor de vocês cresça, cada vez mais, e que tenham sabedoria e um entendimento completo, a fim de que saibam escolher o melhor". (Cf. Fl 1,9-10)*

Todos: Senhor, ensina-me o teu jeito de amar!

4. *"Deus amou tanto o mundo, que deu o seu Filho único, para que todo o que nele crer não pereça, mas tenha a vida eterna". (Jo 3,16)*

Todos: Senhor, ensina-me o teu jeito de amar!

Meu querido Jesus!
Que bom que estou aprendendo a amar do Teu jeito!
Não somente por palavras, mas assumindo atitudes que mostrem o meu amor por minha família, meus amigos, meus colegas da escola, meus professores.
Quero o meu coração cheio de nomes e conto com o teu amor, para tornar o meu coração mais humilde, paciente e generoso como o Teu. Amém!

VIVER A COMPAIXÃO

Jesus, cheio de compaixão, estendeu a mão, tocou nele. (Cf. Mc 1,41)

Compaixão é um sentimento profundo de amor para com aqueles que sofrem, buscando aliviar sua situação, através de uma ação de bondade. Só a compaixão faz sentir e entender a necessidade do outro, sobretudo de quem está sofrendo. Nosso mundo precisa de compaixão. Jesus era cheio de compaixão, reconhecia a dor das pessoas e ia ao encontro das suas necessidades. Olhando para as atitudes de compaixão de Jesus cada um de nós pode seguir o exemplo Dele e realizar atitudes de compaixão.

1. **Vamos conhecer a história da Natália.**

O poder de um sorriso

Lucimara Trevizan

Natália havia perdido sua avó há pouco tempo quando descobriu o efeito de um sorriso. A avó da Natália chamava-se Palma, nome de flor. Quando era pequena era a avó quem cuidava dela enquanto a mãe estava no trabalho. Ela amava muito essa avó que lhe contava histórias fascinantes, além de fazer a comida mais gostosa. Mas, sua avó ficou doente e desde então ela acompanhava a mãe ao hospital e ficava

com a avó. Às vezes elas nem tinham assunto, mas ficavam juntinhas, segurando a mão uma da outra.

E Natália aprendeu que amar também dói. Ela percebeu que sua avó já idosa estava cada vez mais doente e ela podia perder essa avó querida, como sua amiga Juliana perdeu a sua. Ninguém falou nada sobre isso para ela, mas Natália passou a aproveitar todo o tempo que tinha pra ficar juntinho da avó. Quando ela tinha que ir para o hospital ver sua avó, Natália podia ver que havia muitas outras pessoas doentes e também várias crianças. Viu também que havia pessoas sozinhas e crianças tristes e seu coração ficava apertado, sem saber como ajudar.

Foi sua avó quem deu a sugestão de separar brinquedos que ela não usava mais e levar para aquelas crianças tristes. Quando sua avó faleceu, sentindo todo amor por ela e ainda triste, Natália se lembrou da sua sugestão e achou que podia fazer o que ela sugeriu. Então, pediu ajuda a sua mãe e levou os brinquedos que não usava mais e livros de histórias, para a ala infantil do hospital. Quando viu o sorriso de uma menina ao

ganhar uma boneca e o de um menino com o ursinho que ganhou, entendeu que podia modificar realidade de algumas pessoas quando provocava esses sorrisos. A vida ficava melhor. E não parou mais, passou a pedir ajuda a seus amigos de escola, recolhia brinquedos e li-

75

vros pra entregar às crianças doentes.

Quando cresceu Natália quis ser enfermeira e hoje trabalha cuidando das crianças doentes de um hospital. Ainda provoca sorrisos nos rostinhos tristes.

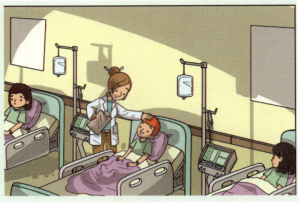

2. **Quais são as situações que indicam que na sua cidade há pessoas que são ou sentem-se excluídas?**

___

3. **Você conhece pessoas que no mundo de hoje são cheias de compaixão? Indique o nome de uma delas e diga por que acha que essa pessoa tem compaixão.**

___

4. Como você pode viver a compaixão? Responda elaborando uma história em quadrinhos.

5. Quais ações a sua paróquia possui que mostram a compaixão e solidariedade de nós cristãos para com os que mais precisam?

_____
_____
_____
_____
_____
_____
_____
_____
_____

Senhor, hoje quero pedir somente uma coisa.
Peço somente que olhe para mim com seu olhar cheio de amor e compaixão.
Olhe para mim dia após dia, pois preciso do Teu olhar.
Quero colocar minhas mãos dentro das tuas
e só sentir Teu olhar amoroso para mim.
Espero também olhar com amor e compaixão para todas as pessoas, sobretudo para aquelas que sofrem. Amém!
Pai nosso...

APRENDER A PARTILHAR

Todos comeram e ficaram saciados. (Mt 14,20)

Jesus tem compaixão e está atento às necessidades das pessoas, mas quer tornar cada um de nós participantes da sua compaixão, como pessoas que também partilham o pão e a vida uns com os outros. Aprendemos a partilhar, colocando o que temos à disposição de todos. Assim, veremos o milagre da partilha acontecer.

1. Pinte o que gostaria de colocar na cesta da partilha, seja experiências ou desejos que pode partilhar com as pessoas que convivem com você.

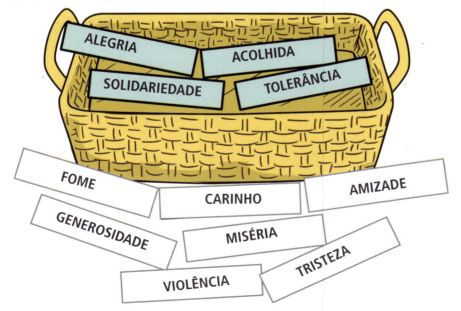

2. **Escolher duas atitudes que você pode assumir, para aprender a partilhar, escrevendo-as nas linhas abaixo.**

_____

_____

3. **Escreva aqui o que você acha que os governantes podem fazer para acabar com a fome no país.**

Jesus querido, quero aprender contigo, a partilhar.
Que minhas mãos partilhem o pão e o amor, além da confiança em Ti.
Que minhas mãos estejam estendidas para dar uma mão amiga a quem precisa.
Que minhas mãos unidas enxuguem lágrimas e realizem gestos de fraternidade.
Que minhas mãos abertas possam proteger, unir e cuidar da vida.
Quero ter no coração o amor que ama a todos, como o Teu. Amém!
Pai nosso...

ACOLHER E CUIDAR DE TODOS

Todas as vezes que vocês fizeram isso a um dos menores de meus irmãos, foi a mim que o fizeram. (Cf. Mt 25,40)

É Jesus mesmo quem acolhemos ao receber e cuidar de pessoas em situação de vulnerabilidade, ou seja, que estão indefesas, fracas, em situação de desigualdade social e econômica, de direito à saúde e à educação. E esse é o motivo pelo qual nossa comunidade cristã também possui ações de cuidado em relação às pessoas que precisam de ajuda. Então os cristãos, a exemplo de Jesus, procuram estar ao lado, cuidando, defendendo a vida de todos, especialmente das crianças.

1. **Leia o poema de *Marcelle Durães, Doce pequena criança!* Depois responda as perguntas.**

Doce pequena criança
Ensina-nos a amar
Que de amor compreendemos
Pouco, muito pouco...
Toca nosso olhar com sua
Pequena doçura
Mostra-nos o que é cuidar
Que sabemos pouco, muito pouco...
Envolve-nos com seus pequenos
Braços e abraços
Protege-nos da maldade humana
Antes que esqueçamos a solidariedade
Que a sua dor criança desperte a nossa
Consciência...
Que o seu olhar no nosso olhar
Acabe com toda violência
Ensina-nos a amar...

» O que uma criança pode ensinar para que o mundo ame mais?

_____
_____
_____
_____
_____

» O que você acha que os adultos e governantes deveriam fazer para proteger todas as crianças?

_____
_____
_____
_____
_____
_____

» O que sua comunidade já faz para proteger e cuidar das crianças?

_____
_____
_____
_____
_____
_____
_____
_____
_____

» Observe a ilustração e depois responda: Que atitudes de cuidado e acolhida podemos ter no dia a dia?

_____
_____
_____
_____
_____
_____
_____

Dom Luciano Mendes de Almeida: amigo de Jesus, dos pobres e das crianças.

_____
_____
_____

Querido Deus,
O mundo não está bem do jeito que o Senhor quis.
Há muitas crianças na pobreza, na miséria e desprotegidas.
Tudo por causa da maldade humana!
Que possamos reconhecer tua presença nos que sofrem.
Desperta em nós um olhar e atitudes de cuidado.
Oferece-nos Teu colo, mesmo quando fechamos nosso coração às pessoas, porque Tu és amor e compaixão.
Acolhe-nos mesmo quando não acolhemos os que mais precisam.
Como crianças queremos ser Tua Luz de amor no mundo.
Amém!

PROTEGER E CUIDAR DO PLANETA

Na grandeza e na beleza das criaturas, contempla-se o seu Criador. (Cf. Sb 13,5)

A natureza está pedindo socorro, a vida está ameaçada. Por isso, precisamos nos unir para cuidar e proteger a natureza. O Reino de Deus que Jesus anuncia é vida e não destruição e morte. Encontrar e amar Jesus nos faz aprender a ser solidários com tudo o que existe, a cuidar e proteger a vida do Planeta Terra, nossa casa comum.

1. Vamos ler a história e depois conversar sobre o que aprendemos com ela.

Ajudando a mãe natureza

Fausta Maria Miranda

Maria Clara, uma menina de 10 anos, vivia na cidade da Mata de São João, na Bahia, com seu pai. A mãe havia morrido quando ela nasceu. Criada somente por seu pai, que era **biólogo marinho**, ele procurava ensinar-lhe o amor e o cuidado com os animais e a natureza.

Biólogo marinho é *aquele que* estuda a vida, espécies, meios de sobrevivência, problemas ambientais, influência do homem, tudo. Em relação ao mar.

Esta cidade fica no litoral da Bahia e tem uma praia chamada Praia do Forte. Nos meses de setembro a março, as tartarugas marinhas vão até a praia para desovar (botar ovos). O pai de Maria Clara ensinara a ela que as tartaruguinhas, ao nascer, eram bem pequenas, apenas 10 centímetros, e muito frágeis, e presas fáceis de caranguejos e aves que viviam naquela praia. A menina gostava de ver o momento em que as tartaruguinhas nasciam e corriam para o mar.

As tartarugas se aproveitam do anoitecer para botar seus ovos. Maria Clara gostava de ficar escondida atrás de um monte de areia para observar estes momentos. Um dia, ela viu uma grande tartaruga se arrastando pela praia, com dificuldade, como se estivesse morrendo. Chamou seu pai e, quando ele a examinou, ela estava engasgada com um pedaço de plástico. Provavelmente iria morrer se ele não a socorresse. Logo que o pai de Maria Clara conseguiu tirar o plástico da garganta da tartaruga, ela voltou a respirar direito e foi caminhando de volta ao mar. Maria Clara bateu palmas de alegria.

Seu pai, então, explicou-lhe que a tartaruga marinha se alimenta de algas e medusas (animal marinho gelatinoso e transparente). A tartaruga confunde a medusa com o plástico e o come, muitas vezes morrendo por causa disso.

– E como este plástico chega ao mar, quis saber Maria Clara.

– As pessoas não têm cuidado com o lixo e o jogam em qualquer lugar. Vem a chuva e leva todo o lixo para o rio, mata os peixes e, como o rio corre até o mar, leva este lixo com ele. Muitos animais marinhos morrem porque comem este lixo, disse o pai de Maria Clara.

É muito triste que as pessoas não se preocupem em cuidar da natureza e dos animais. Mas isto o pai de Maria Clara lhe ensinara muito bem. Como o pai, ela amava e respeitava a vida em todas as suas espécies.

2. **Circle duas ações que você pode fazer para impedir que o lixo chegue até os rios e oceanos, ameaçando a vida dos animais marinhos.**

Evitar o uso de material descartável (copos e garrafas).

Não jogar lixo na rua.

Separar plástico, metal, papel e vidro para a reciclagem.

Não jogar remédios vencidos no vaso sanitário ou no lixo.

3. **Escreva um compromisso que você pode assumir para ajudar a proteger e cuidar do Planeta?**

_____

_____

_____

Vamos, devagarinho, agradecer a Deus por tanta beleza que Ele criou e nos deu de presente, neste planeta onde vivemos.

1. *Querido Deus nós Te agradecemos pela beleza das flores que enchem nossa vida de alegria.*
   Todos: Louvado Sejas, meu Senhor!
2. *Querido Deus, nosso Pai e amigo, nós Te agradecemos pelas árvores e florestas, tão importantes para nossa vida.*
   Todos: Louvado Sejas, meu Senhor!
3. *Querido Deus, nós Te agradecemos pelos rios e oceanos e por toda a vida neste lindo planeta.*
   Todos: Louvado Sejas, meu Senhor!

Querido Deus, criador do Universo!
Eu quero imitar São Francisco de Assis, no amor, no cuidado e na admiração pela Tua criação.
Quero aprender a cuidar do nosso planeta, a casa de todos nós,
reconhecendo que ele é Teu presente.
Obrigada, Senhor, por ter me chamado a viver neste mundo tão lindo! Amém!

22 CRER É CONFIAR

Porque este medo, homens de pouca fé? (Mt 8,26)

Crer, ter fé é uma atitude de confiança amorosa em Jesus que nos ama e quer o melhor para nós. A fé nos dá coragem, nos faz superar o medo, a viver com confiança e na certeza de que Jesus está conosco como o Senhor de nossa vida.

1. Por que podemos confiar em Jesus?

2. A catequese tem ajudado você a crescer na fé, na confiança em Jesus? Como?

3. Vamos descobrir a mensagem?

_____
_____
_____
_____
_____

1. *Querido Jesus, faz-nos trilhar, o caminho do Teu amor. Esse amor que nos aceita e que abraça o que somos e o que não somos ainda, que é capaz de amar apesar de nossa indiferença.*

   Todos: Fica conosco, Senhor!

2. *Guia-nos, Senhor Jesus, nas horas mais escuras, nas tempestades deste mundo. Queremos ser Tua Luz de amor para as pessoas que vivem no medo, na dúvida, na discórdia.*

   Todos: Fica conosco, Senhor!

3. *Querido Jesus aumenta em nós a confiança no Teu amor. Renova nossa vida e as nossas famílias.*

   Todos: Fica conosco, Senhor!

4. *Transforma-nos, Senhor Jesus, em testemunhas da Tua bondade, fraternidade e mansidão neste mundo tão carente de amor.*

   Todos: Fica conosco, Senhor!

23 AMAR A VIDA

Eu vim para que tenham vida e a tenham em abundância. (Jo 10,10b)

Jesus quer que todos vivam plenamente, ou seja, com amor, esperança e alegria a cada dia, mesmo em meio às dificuldades que surgem. Por isso podemos dizer que amar a vida é uma tarefa que irá durar a vida toda e a maneira mais bonita de participar do Reino sendo amigo de Deus e de Jesus.

1. Leia o texto e sublinhe o que mais lhe chamar a atenção. Faça uma paródia com a mensagem que tirar do texto.

"Amar a vida requer todo dia muita coragem. Muita.

Essa ousadia de acordar, ver e sentir tudo.

Esse espanto quando a maioria das pessoas estranha mais o carinho do que a indelicadeza.

Esse desejo de que ninguém sofra por nada, porque se sabe como dói ser magoado.

Essa angústia que aparece, às vezes, quando se quer aliviar o sofrimento de quem se ama.

Essa vontade de rir, mesmo quando o coração está sofrendo.

Esse impulso de correr e pular de alegria porque alguém sorriu carinhosamente pra mim.

Essa sensação de ser estranho, de ser meio diferente, quando os amigos não compreendem porque se quer ajudar quem nos causou sofrimento.

Amar a vida exige muita coragem. Muita. Todo dia." (Lucimara Trevizan, 2019)

2. **Para amar a vida é bom conhecer um pouco mais de você. Pense e escreva:**

   » O que é que te faz chorar?

   _____

   _____

   » O que é que te deixa zangado?

   _____

   _____

   » O que é que te dá alegria?

   _____

   _____

3. **Qual é o caminho da vida plena e feliz que Jesus nos indicou?**

   _____

   _____

4. **Cite três atitudes que você irá assumir para viver cada dia com mais alegria e amor.**

   _____

   _____

   _____

Senhor, Deus de bondade, eu Te agradeço pela vida!
Ando sem perceber que cada dia esconde belezas.
Eu te agradeço quando me desafia a ter grandes sentimentos,
a superar o medo, a ter paciência comigo e com as pessoas.
Espero saborear a vida a cada passo e conto com sua ajuda,
Sobretudo quando a tristeza chegar.
Ajuda-me a ser capaz de caminhar pela estrada da alegria,
sempre decidido(a) a optar pelo Amor. Amém.

CELEBRAÇÃO

CAMINHAMOS NA ESTRADA DE JESUS!

Ele começou a ver de novo e pôs-se a segui-lo pelo caminho. (Mc 10,52b)

1 Acolhida

Catequista: Em nome do Pai, do Filho e do Espírito Santo!

Todos: Amém.

Catequista: É uma alegria acolher a cada um de vocês. Queremos celebrar, dar graças a Deus, por este tempo que caminhamos juntos com Jesus. Caminhamos por três momentos especiais, vamos recordá-los.

2 PASSOS DA CAMINHADA

Primeiro passo – O COMEÇO DE UM NOVO TEMPO

(Acende-se a primeira vela)

Leitor 1: Demos os primeiros passos, descobrindo a alegria de sermos companheiros de caminhada, de ter ao nosso lado alguém que nos apoia e participa dos mesmos sonhos. Percebemos que nos completamos uns com os outros, que ensinamos e aprendemos com nossos companheiros.

Todos: Com Jesus, somos companheiros de caminhada!

Leitor 2: Aprendemos a reconhecer Jesus na simplicidade da vida. Descobrimos que Ele pode ser encontrado em lugares inesperados e surpreendentes. E para isso precisamos estar com a mente e o coração prontos para acolhê-lo e sentir sua presença. Descobrimos Jesus, o maior presente de Deus para nós.

Todos: Com Jesus, somos companheiros de caminhada!

Segundo passo – A PROPOSTA DE JESUS: O REINO DE DEUS

(Acende-se a segunda vela)

Catequista: Nossa caminhada continuou ouvindo Jesus falar sobre o Reino de Deus.

Leitor 3: Conhecemos a equipe de Jesus e sua proposta de felicidade para todos os bem-aventurados de Deus. Descobrimos que Jesus nos convida a fazer parte de sua equipe e que, responder sim ao convite de Jesus, é uma escolha pessoal.

Todos: Senhor Jesus, venha a nós o teu Reino de amor!

Leitor 4: Ouvimos as histórias sobre o Reino de Deus contadas por Jesus. Reconhecemos o Reino de Deus em nosso meio e sentimos desejo de anunciá-lo a todos.

Todos: Senhor Jesus, venha a nós o teu Reino de amor!

Leitor 5: Com Zaqueu, descobrimos que no Reino de Deus tem perdão. Jesus nos revela, mais de uma vez, o seu grande amor por nós, sempre nos acolhendo, misericordiosamente, oferecendo o seu perdão e se fazendo presença em nossa vida.

Todos: Senhor Jesus, venha a nós o teu Reino de amor!

Leitor 6: Jesus nos diz que, todos que fazem a vontade do Pai, são seus irmãos e suas irmãs. Ele nos ensinou a oração do Pai-nosso, que é a oração do Reino de Deus, quando todos chamamos Deus de Pai.

Todos: Senhor Jesus, venha a nós o teu Reino de amor!

Terceiro passo – A VIDA DE JESUS EM NOSSA VIDA

(Acende-se a terceira vela)

Catequista: Jesus nos convida a ser seus seguidores.

Leitor 7: Descobrimos que seguir Jesus é ser fraterno, é partilhar, é preservar a natureza e amar a vida, acima de tudo. Assim, colaboramos na construção do Reino de Deus.

Todos: Jesus é o caminho, a verdade e a vida!

Leitor 1: Conhecemos algumas testemunhas de Jesus, sua coragem, seu amor, sua fé em Jesus. Descobrimos que, ser testemunha de Jesus não é apenas dizer o que Jesus fez em sua vida. Tzestemunhar Jesus é viver de tal maneira que as pessoas vejam Jesus em nós. É atender ao pedido d'Ele: "Amem-se uns aos outros, como eu amo vocês"! (Cf.Jo 15,12)

Todos: Jesus é o caminho, a verdade e a vida!

Proclamação da Palavra

Canto de aclamação.

Evangelho: Mc 10,46-52.

Catequista: Certo dia, quando Jesus estava saindo da cidade de Jericó, acompanhavam-no os discípulos e uma grande multidão. O cego, Bartimeu, filho de Timeu, estava sentado à beira do caminho. Ouvindo que era Jesus Nazareno, começou a gritar:

Bartimeu: "Jesus, Filho de Davi, tem compaixão de mim".

Catequista: Muitos o repreendiam para que se calasse. Mas ele gritava ainda mais alto:

Bartimeu: "Filho de Davi, tem compaixão de mim".

Catequista: Jesus parou e disse:

Jesus: "Chamai-o!"

Catequista: Eles o chamaram, dizendo:

Discípulo: "Coragem, levanta-te! Ele te chama!"

Catequista: O cego jogou o manto fora, deu um pulo e se aproximou de Jesus. Este lhe perguntou:

Jesus: "Que queres que eu te faça?"

Catequista: O cego respondeu:

Bartimeu: "Mestre, que eu veja".

Catequista: Jesus disse:

Jesus: "Vai, tua fé te salvou".

Catequista: No mesmo instante, ele recuperou a visão e foi seguindo Jesus pelo caminho".

Reflexão

Bartimeu queria ver de novo e deu um salto na fé. Podemos partilhar brevemente se esse caminho feito com Jesus na catequese, ajudou a "abrir os olhos", a enxergar melhor a vida e o projeto de Dele.

Bartimeu vive a experiência de uma profunda "travessia": de cego e sentado à beira da estrada pedindo esmola à recuperação da vista para seguir Jesus pelo caminho. Entendendo o que aconteceu com Bartimeu, podemos dizer que esse tempo de caminhada na catequese nos ajudou a ser corajosos seguidores de Jesus?

4 Compromisso

Catequista: A cada encontro de catequese, Jesus se apresentou a nós e fomos descobrindo quem é Ele. Demos passos no caminho do amor, o caminho de Jesus. Levantando a mão direita na direção da Palavra de Deus, digamos juntos:

Querido Jesus, queremos ser teus seguidores, anunciar o teu Evangelho de amor. Encha nossa vida com tua ternura e mansidão.
Faz de nós, testemunhas da tua bondade e misericórdia. Amém.

Catequista: De mãos dadas, vamos rezar a oração das testemunhas de Jesus.
Pai nosso...

5 Benção final

Catequista: Abençoe-nos ó Deus cheio de bondade e misericórdia: o Pai, o Filho e o Espírito Santo. Amém!

Abraço da Paz.

→ **Anexos**

ANEXO 1
CAMPANHA DA FRATERNIDADE

Amem-se uns aos outros. (Jo 15,12b)

A nossa Igreja propõe a cada ano, durante a quaresma, a Campanha da Fraternidade e nos lembra que seguir Jesus é escolher o caminho da vida fraterna, de ajuda mútua e apoio solidário uns aos outros. É preciso compreender que, se chamamos Deus de Pai, somos todos irmãos e é assim que devemos conviver, em fraternidade. A cada ano a Igreja propõe um tema que indica uma situação da realidade que precisa do nosso apoio e cuidado.

1. Fraternidade é o mesmo que:

_____
_____
_____
_____
_____

2. Por que a Igreja faz, todos os anos, a Campanha da Fraternidade?

   _____
   _____
   _____

3. Procure saber e escreva aqui, as atividades que acontecem durante a Campanha da Fraternidade.

   _____
   _____
   _____

4. O assunto deste ano quer nos ajudar a pensar sobre _____

   _____
   _____
   _____

5. Que atitude vou viver para assumir Campanha da Fraternidade deste ano?

   _____
   _____
   _____

6. Eu mostro que sou fraterno, isto é, trato a todos como irmãos, de muitas maneiras. Vou escrever três gestos de irmão que vou fazer.

   _____
   _____
   _____
   _____

CELEBRAÇÃO
MARIA: ALEGRIA DE AMAR E SERVIR!

Fazei tudo o que ele vos disser. (Jo 2,5)

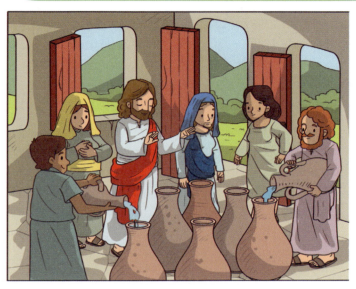

Catequistas: Sejam todos bem-vindos! Maio é o mês dedicado a Maria, mãe de Jesus. E Jesus nos deu sua mãe para ser nossa mãe também. Essa mãe é tão querida, mas tão querida, que a chamamos carinhosamente de Nossa Senhora e também com muitos outros nomes e títulos.

Em nome do Pai...

Todos: Amém!

Catequista: Vamos ouvir atentamente um trecho do Evangelho onde Jesus, já adulto, foi numa festa de casamento e sua mãe também. Vejamos o que acontece e qual foi a atitude de sua mãe.

101

Canto de aclamação.

Evangelho: Jo 2,1-11.

Reflexão

Todos que "estavam" no casamento, em Caná, não perceberam que "estava faltando vinho". Só a Mãe de Jesus foi capaz de perceber que a festa iria terminar mal. E sai em defesa dos recém-casados, que também não estavam inteirados da situação. Graças a ela, aquilo que poderia terminar em um problema, converteu-se em festa. O vinho aqui é símbolo da alegria, da festa que todos têm direito a viver.

Maria com sua atitude preocupada para que não falte vinho demonstra que como mãe quer que todos tenham o melhor, ou seja, que todos tenham alegria em sua vida, vivam bem, em comunhão.

A recomendação da mãe de Jesus aos servos "Fazei o que Ele vos disser" é também uma recomendação para todos nós, hoje. Essas palavras representam a herança que Maria nos deixa que é: amar e servir o seu filho Jesus. Isto significa escutar e colocar em prática a sua Palavra a acolher e escutar a boa notícia que é o Evangelho de Jesus.

3. Rezemos juntos

Catequista: Maria é muito querida por todos os que amam o seu filho Jesus. E os cristãos ao longo dos séculos, deram à mãe de Jesus muitos nomes, que são maneiras carinhosas de expressar a admiração por ela e pedir sua companhia e proteção em todas as situações.

Vamos olhar para a imagem de Maria que temos aqui. Ela é como uma fotografia que lembra a mãe de Jesus. Rezemos uma pequena ladainha (preces) invocando Maria, com alguns nomes que ela recebeu e todos repetem: Rogai por nós!

Nossa Senhora das Dores, rogai por nós!
Nossa Senhora Aparecida, rogai por nós!
Nossa Senhora do Perpétuo Socorro, rogai por nós!
Nossa Senhora da Boa Viagem, rogai por nós!
Nossa Senhora do Bom Conselho, rogai por nós!
Nossa Senhora da Alegria, rogai por nós!
Peçamos a Maria que nos acompanhe na catequese e na vida de cada dia, peçamos também por todas as mães, rezando juntos a Ave-Maria...

Música

4- Bênção final

Catequista: O Senhor esteja com vocês:

Todos: Ele está no meio de nós.

Catequista: Por intercessão de Maria, mãe de Jesus, que Deus nos abençoe em seu amor de Pai, Filho e Espírito Santo.

Todos: Amém!

CELEBRAÇÃO
A PALAVRA DE DEUS É LUZ!

Não se vive somente de pão, mas de toda palavra que sai da boca de Deus. (Mt 4,4)

1 Acolhida

Catequista: "A graça do Senhor Jesus Cristo, o amor de Deus e a comunhão do Espírito Santo estejam com todos." (2Cor 13,13)

Todos: Bendito seja Deus que nos reuniu no amor de Cristo.

Catequista: Vamos ficar de pé, para a procissão com a Bíblia que será colocada, em destaque, em nosso meio. Enquanto a Bíblia é trazida, cantemos.

Música

2 Proclamação da Palavra

Catequista: A Bíblia recebe outros nomes. Vamos conhecê-los.

Mas, afinal, o que é a Bíblia? A Bíblia é uma carta de amor de Deus, para o seu povo. Ela é um conjunto de livros. A Bíblia contém a Palavra de Deus para nós, escrita por diversas pessoas, que viveram a sua experiência com Ele.

Leitor 1: Muito se fala sobre a Bíblia e seu conteúdo. Vamos saber um pouco o que encontramos sobre isso. Comecemos com São Paulo, apóstolo de Jesus, que fala assim dela:

Todos: "Toda a Escritura Sagrada é iluminada por Deus e útil para ensinar a verdade, condenar o erro, corrigir as faltas e ensinar a maneira certa de viver" (2Tm 3,16).

Leitor 2: A Bíblia é formada de muitos livros, um deles, chamado Provérbios nos diz:

Todos: "Tudo o que Deus diz é verdade. Ele é como um escudo para todos os que procuram a sua proteção" (cf. Pr 30,5).

Leitor 3: Outro livro, o do Profeta Isaías, diz:

Todos: "A erva seca, murcha a flor, mas a palavra do nosso Deus permanece para sempre" (Is 40,8).

Leitor 4: O próprio Jesus nos diz no Evangelho de Lucas:

Todos: "Felizes são os que ouvem a Palavra de Deus e a põem em prática" (Lc 11,28).

Catequista: Nos últimos meses, aprendemos muitas coisas com Jesus, por meio do seu Evangelho. Vamos lembrar algumas.

Todos: "Aquele que fizer a vontade Deus, esse é meu irmão, minha irmã e minha mãe" (Mc 3,35).

Leitor 5: "O amor é paciente, não é invejoso, tudo desculpa, tudo crê, tudo espera" (cf. 1Cor 13,4a.7).

Catequista: Jesus nos ensinou que devemos acolher e cuidar de todos, como se fosse ele mesmo:

Todos: "...todas as vezes que fizestes isso a um dos menores de meus irmãos, foi a mim que o fizestes" (cf. Mt 25,40).

Canto de aclamação.

Evangelho: Mt 4,4.

Reflexão

A Bíblia Sagrada é o mais importante livro dos cristãos. No entanto, nem todas as pessoas a conhecem e nem têm a consciência que a Bíblia contém a Palavra de Deus, viva e eficaz, isto é, Palavra que transmite o amor de Deus para nós. É importante lembrar que Deus continua nos falando através da natureza, das pessoas e da Bíblia e é preciso saber olhar, escutar, compreender e responder ao que Deus nos fala. A Palavra de Deus nutre nossa vida com a confiança de que Deus caminha conosco em todos os caminhos.

Em duplas, escolher um versículo desta celebração que mais gostaram ou chamou a atenção e digam por que o escolheram.

3 Rezemos juntos

Cada catequizando vai até a Bíblia, coloca sua mão sobre ela e diz:
Senhor, que a Tua Palavra ilumine os caminhos da minha vida!

Rezemos

Querido Jesus, que tua Palavra ilumine nossa vida,
sobretudo nas situações de egoísmo, de inveja, de falta de paciência, de falta de diálogo.
Desejamos aprender a amar do teu jeito, com sinceridade, paciência, desculpando tudo e todos.
Ajuda-nos a ver em cada pessoa, o teu rosto e, assim ajudar a cuidar uns dos outros, como tu cuidas de mim.
Queremos partilhar a vida, os dons, também o que temos com aqueles que mais precisam de ajuda.
Contamos com o teu amor e a tua graça. Amém!

Rezemos de mãos dadas a oração que Jesus nos ensinou.

Pai nosso...

Música

Abraço da Paz

CELEBRAÇÃO DA PÁSCOA
JESUS RESSUSCITOU. ELE VIVE!

Ele ressuscitou! Não está aqui! (Mc 16,6c)

1 Acolhida

Catequista: Vamos nos abraçar, acolhendo a cada um, com alegria, dizendo: Seja bem-vindo!

Em nome do Pai, do Filho e do Espírito Santo. Amém.

Todos: Bendito seja Deus que nos reuniu no amor de Cristo

2 Ouvir e meditar a Palavra

Catequista: Estamos conhecendo um pouco mais de Jesus no caminho que percorremos com ele nos encontros catequéticos. Para nós cristãos o acontecimento mais importante, é a Ressurreição de Jesus. Ele foi crucificado e morto, apesar de só fazer o bem e amar a todos. Mas, Deus o Ressuscitou. Páscoa é a Passagem da morte para a vida, é a Ressurreição de Jesus. Nosso Deus é o Deus da vida.

Todos: "Mas o Senhor é verdadeiramente Deus, ele é o Deus vivo..." (Jr 10,10).

Catequista: Jesus, o Filho de Deus, amou a todos, defendeu a vida, apresentou o Reino de Deus, que é um mundo de fraternidade, justiça, alegria, felicidade, onde todos são irmãos. Isso incomodou muito gente e Jesus foi crucificado e morto. Mas Deus o ressuscitou.

Canto de aclamação.

Evangelho: Mc 16,1-6.

Catequista: A vida venceu a morte. Jesus ressuscitou, passou da morte para a vida. Nosso mundo tem muitas situações de morte. O perigo é nos acostumarmos com essas situações e achar normal. Mas há também muitas situações de Vida Nova. Celebrar a Páscoa é acreditar que Jesus vive e que a vida sempre vence a morte. A ressurreição de Jesus traz uma luz para nossa vida e a certeza de que a morte, a dor, o sofrimento não irá vencer, porque nosso Deus é o Deus da vida e Jesus venceu a morte. É Páscoa quando amamos, perdoamos, somos amigos, ajudamos alguém a sorrir de novo. É Páscoa quando anunciamos Jesus, que é luz na nossa vida.

Música

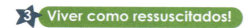

3 - Viver como ressuscitados!

Catequista: Precisamos ser sinais de vida, para trazer a Páscoa sempre presente, vencendo toda a morte. Ser sinal de vida é escolher o BEM.

Todos: Senhor, ajuda-nos a escolher sempre o bem!

Leitor 1: Quando escolhemos a mentira, escolhemos uma forma de morte. A mentira mata a confiança, o respeito para com a outra pessoa. Para viver, como ressuscitados, precisamos escolher a verdade, por mais difícil que seja. Escolher a verdade é escolher Jesus, que disse: "Eu sou o Caminho, a Verdade e a Vida" (Jo 14,6).

Todos: Senhor, ajuda-nos a escolher sempre a verdade!

Leitor 2: A fofoca é um tipo de morte. Quando eu a escolho, provoco brigas, desunião, humilho e destruo o nome das pessoas envolvidas. Quando escolho viver como ressuscitado, escolho o amor, que vem junto com a bondade e a compreensão dos sentimentos dos outros, procurando me colocar no lugar deles.

Todos: Senhor, ajuda-nos a escolher sempre o amor!

Leitor 3: A ofensa, muitas vezes, leva à mágoa, que é um tipo de morte. Mata a amizade, traz a dor e a tristeza para quem sente. Viver como ressuscitado é aprender a perdoar sempre. Quando perdoo, estou aceitando que o outro tem defeitos e fraquezas e eu o aceito assim mesmo. Também eu ofendo os outros.

Todos: Senhor, ajuda-nos a escolher sempre o caminho do perdão!

Leitor 4: O egoísmo e a ganância são sinais de morte. O egoísta pensa somente em si mesmo, coloca seus interesses em primeiro lugar, sem se preocupar com as necessidades do outro. Para viver a Páscoa, devo buscar a solidariedade, que vem com o amor doação, a amizade sincera e o companheirismo. Assim, a vida fica mais alegre e bonita.

Todos: Senhor, ajuda-nos a escolher sempre o caminho da solidariedade!

Querido Jesus,
Quero viver como ressuscitado!
Quero ser amigo verdadeiro de todos, buscando amar a verdade, espalhando a alegria de viver.
Quero estar sempre pronto a perdoar e a não deixar a dor e a tristeza tomar conta de meu coração.
Quero escolher sempre a vida e tudo de bom que ela pode trazer: o amor, a paz, a amizade e a fraternidade.
Dá-me coragem de viver na luz do teu amor!

Abraço de Feliz Páscoa

Catequista: Vamos terminar este momento saudando os nossos colegas com o abraço de Feliz Páscoa!

ANEXO 4 — CELEBRAÇÃO DE NATAL
O AMOR VEIO MORAR ENTRE NÓS!

Eu vos anuncio uma grande alegria: nasceu para vós o Salvador. (Lc 2,10b.11)

1 Acolhida

Catequista: Em nome do Pai...

Vamos nos acolher com um abraço carinhoso, dizendo: Que bom que você veio! Ao contemplar a cena do nascimento de Jesus, percebemos que o amor de Deus por nós é imenso, a ponto de enviar o próprio Filho.

Todos: Senhor, também queremos ir a Belém e na manjedoura encontrar o Teu amor!

2 Proclamar a Boa Nova de Deus

Catequista: Natal é a festa de uma alegria sem igual. Deus vem nos encontrar. O Natal não é uma festa para dar presentes, mas é o acontecimento em que Deus se manifesta a nós, fez-se ver em Jesus.

Todos: O povo que andava nas trevas viu surgir uma grande luz! (Is 9,2)

Canto de Aclamação.

Evangelho: Lc 2,1-12.

Catequista: A cena do nascimento de Jesus pede silêncio. Contemple Jesus na manjedoura. Olhando para o Menino Jesus que sentimento Ele desperta em nós? Como podemos ajudar as pessoas a encontrar esse o Menino Jesus?

⭐3 O caminho do presépio

Catequista: Natal é a celebração de um Deus-menino que desperta muita ternura. Contemplar o rosto do Menino-Deus é, ao mesmo tempo, contemplar o que há de mais bonito no nosso coração: bondade, mansidão, ternura, misericórdia.

Todos: E o amor se fez criança e veio morar entre nós!

Catequista: Jesus veio ao mundo sem um lugar para nascer. Foi acolhido, de improviso, numa manjedoura, no comedouro dos animais, que Maria, sua mãe, na sua necessidade, viu como um berço. Deus torna-se criança, um recém-nascido, pequeno e necessitado do amor humano.

Todos: Na manjedoura está a nossa alegria!

Catequista: Deus veio habitar entre nós, caminha conosco. Escolheu a periferia de Belém e nasceu pequeno. Em Jesus, Deus assumiu a nossa humanidade e veio a nós como companhia, como presença, para não nos deixar sós! O caminho do presépio é o caminho do amor, da simplicidade, da confiança.

Todos: Ele é Emanuel, Deus conosco!

Música: Noite Feliz!

4. Rezar por um Natal de Amor

1. Deus de amor, inunda nossa vida, neste Natal, com tua simplicidade, humildade e ternura.

Todos: Senhor, ajuda-nos a escolher sempre o caminho do amor.

2. Deus de amor, transforma nossa família em lugar de carinho, amor, aconchego.

Todos: Senhor, ajuda-nos a escolher sempre o caminho do amor.

3. Deus de amor, que abraça no silêncio o grito dos mais pobres, dos que não têm lugar para viver. Dá a cada um de nós a capacidade de reconhecê-Lo nos outros e sermos sinais do Teu abraço.

Todos: Senhor, ajuda-nos a escolher sempre o caminho do amor.

Preces espontâneas...

5. Benção Final

Catequista: Deus veio habitar entre nós, caminha conosco. Ele é o Menino Jesus. Sejamos portadores dessa boa notícia!

O Senhor esteja conosco.

Todos: Ele está no meio de nós.

Catequista: Que Deus nos abençoe em seu amor de Pai, Filho e Espírito Santo. Amém.

6. Abraço de Feliz Natal

ORAÇÕES

PAI-NOSSO

Pai nosso que estais nos céus, santificado seja o vosso nome; venha a nós o vosso reino, seja feita a vossa vontade, assim na terra como no céu.

O pão nosso de cada dia nos dai hoje; perdoai-nos as nossas ofensas, assim como nós perdoamos a quem nos tem ofendido; e não nos deixeis cair em tentação, mas livrai-nos do mal. Amém!

AVE-MARIA

Ave-Maria, cheia de graça, o Senhor é convosco; bendita sois vós entre as mulheres, e bendito é o fruto do vosso ventre, Jesus. Santa Maria, Mãe de Deus, rogai por nós, pecadores, agora e na hora de nossa morte. Amém!

GLÓRIA-AO-PAI

Glória ao Pai e ao Filho e ao Espírito Santo. Como era no princípio, agora e sempre. Amém!

SINAL DA CRUZ

Pelo sinal da santa cruz, livrai-nos Deus, Nosso Senhor, dos nossos inimigos. Em Nome do Pai e do Filho e do Espírito Santo. Amém!

ORAÇÃO DA CRIANÇA

Querido Deus, quero agradecer por tanta coisa incrível que vivi neste dia: o amanhecer tão lindo, a beleza da tua criação, a amizade e carinho dos meus amigos, a possibilidade de estudar e brincar, a comida gostosa...

Quero te agradecer por toda a minha família e peço que me ajude a amar cada dia mais.

Conta comigo para cuidar e preservar a beleza a tua criação, também para partilhar o que sou e tenho para fazer desse mundo um lugar melhor.

É muito bom ser teu amigo. Eu te amo, Senhor!

Anotações

Anotações

Anotações

Anotações

Anotações

Conecte-se conosco:

 facebook.com/editoravozes

 @editoravozes

 @editora_vozes

 youtube.com/editoravozes

 +55 24 2233-9033

www.vozes.com.br

Conheça nossas lojas:

www.livrariavozes.com.br

Belo Horizonte – Brasília – Campinas – Cuiabá – Curitiba
Fortaleza – Juiz de Fora – Petrópolis – Recife – São Paulo

      Vozes de Bolso

EDITORA VOZES LTDA.
Rua Frei Luís, 100 – Centro – Cep 25689-900 – Petrópolis, RJ
Tel.: (24) 2233-9000 – E-mail: vendas@vozes.com.br